スタンプ －1

JN037118

年　月　日　名前（　　　　　　　　　　　　　　　）

★ のようなスタンプをつくりました。
押したときどの絵になるか１〜４から選びましょう。

 ★

答え 〔　　　　　　　〕

1

2
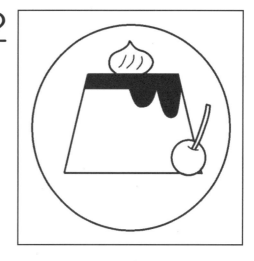

3

4

宮口幸治：やさしいコグトレ―認知機能強化トレーニング．三輪書店、2018 より

年 月 日 名前（　　　　　　　　　　　　　）

★ のようなスタンプをつくりました。
押したときどの絵になるか1〜4から選びましょう。

答え 〔　　　〕

1

2

3

4

宮口幸治：やさしいコグトレ―認知機能強化トレーニング．三輪書店、2018 より

年　月　日　名前（　　　　　　　　　　　　　　）

★ のようなスタンプをつくりました。
押したときどの絵になるか１〜４から選びましょう。

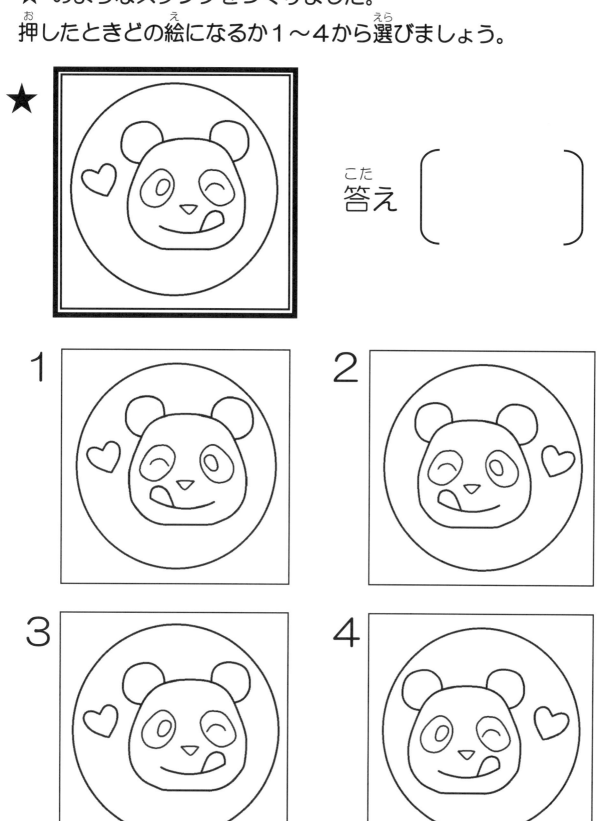

★

答え 〔　　　〕

1

2

3

4

宮口幸治：やさしいコグトレ―認知機能強化トレーニング．三輪書店、2018 より

スタンプ －４

年　月　日　名前（　　　　　　　　　　　　）

★ のようなスタンプをつくりました。
押したときどの絵になるか１〜４から選びましょう。

答え ［　　　　］

1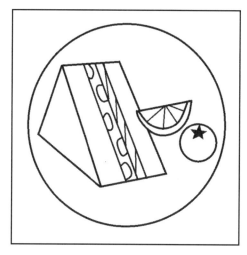

2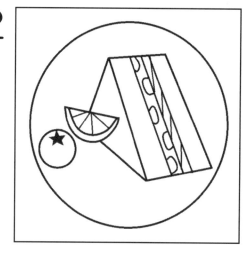

3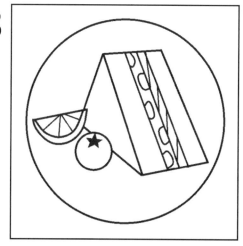

4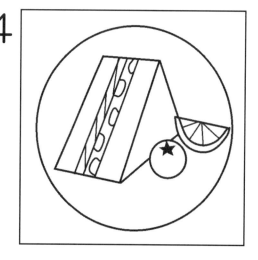

宮口幸治：やさしいコグトレ―認知機能強化トレーニング．三輪書店、2018 より

ねん　　がつ　　にち　なまえ
＿＿＿＿＿ 年 ＿＿ 月 ＿＿ 日 名前（　　　　　　　　　　　）

★ のようなスタンプをつくりました。
お　　　　　　　　　　　　　　　え
押したときどの絵になるか１～４から選びましょう。
　　　　　　　　　　　　　　　　　　えら

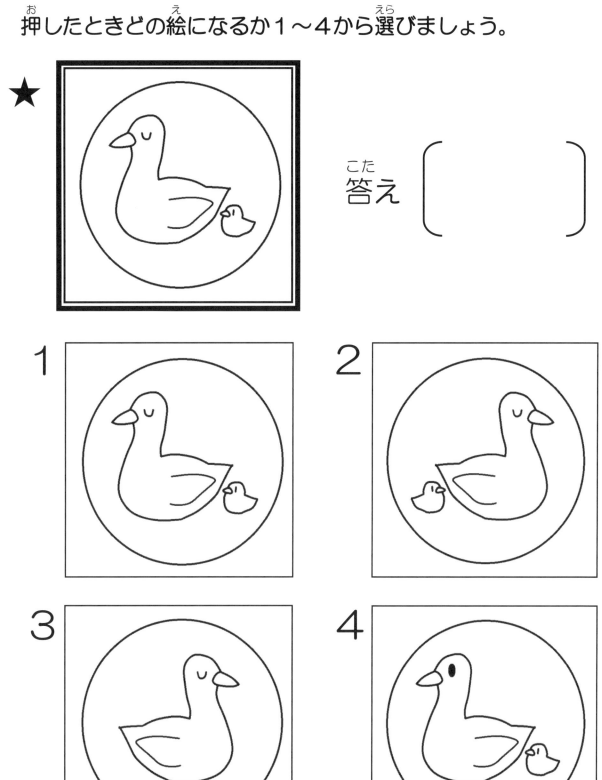

こた
答え ［　　　　　］

売上カード

| 発行所 | (株)三輪書店 | 著者 | 宮口幸治 |

書名　コグトレドリル やさしいコグトレ―想像する

定価770円
（本体700円＋税10％）

ISBN978-4-89590-736-1　C6337　￥700E

年 月 日 名前 ( )

★ のようなスタンプをつくりました。
押したときどの絵になるか1〜4から選びましょう。

★

答え 〔　　　〕

1

2

3

4

宮口幸治：やさしいコグトレ―認知機能強化トレーニング. 三輪書店、2018 より

年 月 日 名前（　　　　　　　　　　　）

★ のようなスタンプをつくりました。
押したときどの絵になるか1〜4から選びましょう。

答え 〔　　　　〕

1

2

3

4

宮口幸治：やさしいコグトレ─認知機能強化トレーニング. 三輪書店、2018 より

年 月 日 名前（　　　　　　　　　　　　）

★ のようなスタンプをつくりました。
押したときどの絵になるか1〜4から選びましょう。

答え 〔　　　〕

1

2

3

4

宮口幸治：やさしいコグトレ—認知機能強化トレーニング. 三輪書店、2018 より

年　月　日　名前（　　　　　　　　　　　　　　）

★ のようなスタンプをつくりました。
押したときどの絵になるか１～４から選びましょう。

答え 〔　　　〕

1

2

3

4

宮口幸治：やさしいコグトレ―認知機能強化トレーニング. 三輪書店、2018 より

スタンプ − 10

年 月 日 名前（　　　　　　　　　　　　　　）

★ のようなスタンプをつくりました。
押したときどの絵になるか１〜４から選びましょう。

★

答え 〔　　　〕

1

2

3

4

宮口幸治：やさしいコグトレ―認知機能強化トレーニング．三輪書店、2018 より

年　　月　　日　名前（　　　　　　　　　　　　　　）

★ のようなスタンプをつくりました。
押したときどの絵になるか1〜4から選びましょう。

答え 〔　　　〕

1

2

3

4

年 月 日 名前（　　　　　　　　　　　　　　　　）

★ のようなスタンプをつくりました。
押したときどの絵になるか１～４から選びましょう。

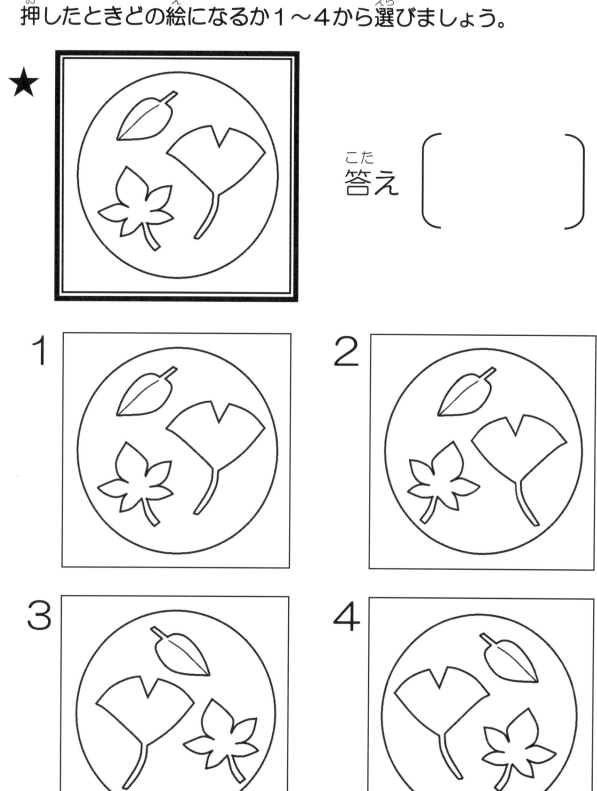

答え [　　　　　]

宮口幸治：やさしいコグトレ―認知機能強化トレーニング．三輪書店、2018 より

スタンプ － 13

年 月 日 名前 (　　　　　　　　　　　　　　)

★ のようなスタンプをつくりました。
押したときどの絵になるか1〜4から選びましょう。

答え 〔　　　　〕

1

2

3

4

宮口幸治：やさしいコグトレ―認知機能強化トレーニング．三輪書店、2018 より

年 月 日 名前（　　　　　　　　　　　）

★ のようなスタンプをつくりました。
押したときどの絵になるか1〜4から選びましょう。

 ★

こた
答え ［　　　　　　　］

1

2

3

4

宮口幸治：やさしいコグトレ―認知機能強化トレーニング. 三輪書店、2018 より

年　月　日　名前（　　　　　　　　　　）

★ のようなスタンプをつくりました。
押したときどの絵になるか１〜４から選びましょう。

答え [　]

1

2

3

4

宮口幸治：やさしいコグトレ—認知機能強化トレーニング．三輪書店、2018 より

年 月 日 名前（　　　　　　　　　　　　　）

★ のようなスタンプをつくりました。
押したときどの絵になるか1〜4から選びましょう。

答え 〔　　　　〕

1

2

3

4

宮口幸治：やさしいコグトレ―認知機能強化トレーニング. 三輪書店、2018 より

スタンプ － 17

年　月　日　名前（　　　　　　　　　　　　）

★ のようなスタンプをつくりました。
押したときどの絵になるか１〜４から選びましょう。

答え 〔　　　〕

1

2

3

4

宮口幸治：やさしいコグトレ―認知機能強化トレーニング．三輪書店、2018 より

年_{ねん} 月_{がつ} 日_{にち} 名前_{なまえ}（　　　　　　　　　　　　　）

★ のようなスタンプをつくりました。
押_おしたときどの絵_えになるか１〜４から選_{えら}びましょう。

★

答_{こた}え［　　　］

1

2

3

4

宮口幸治：やさしいコグトレ―認知機能強化トレーニング．三輪書店、2018 より

年 月 日 名前（　　　　　　　　　）

★ のようなスタンプをつくりました。
押したときどの絵になるか1〜4から選びましょう。

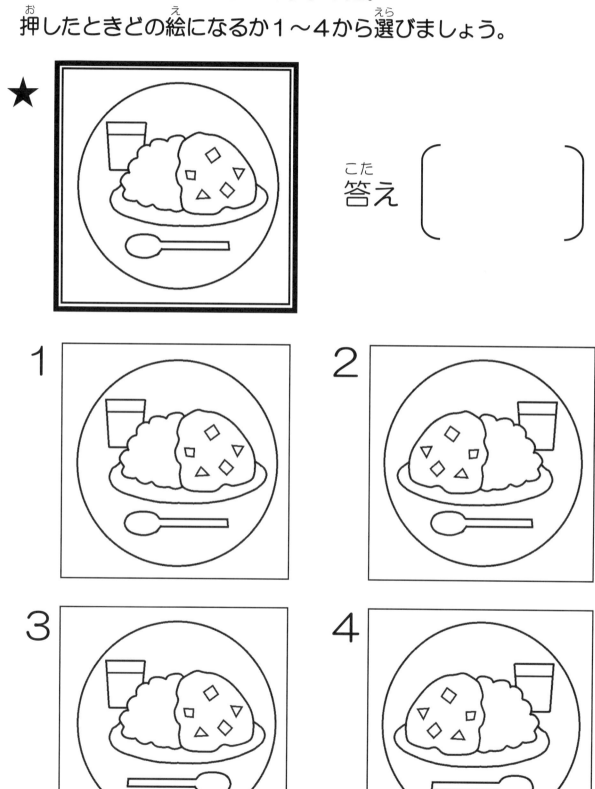

答え 〔　　　　〕

宮口幸治：やさしいコグトレ—認知機能強化トレーニング．三輪書店、2018 より

スタンプ －20

年 月 日 名前（　　　　　　　　　　　　　　　）

★ のようなスタンプをつくりました。
押したときどの絵になるか１〜４から選びましょう。

答え 〔　　　　　〕

1

2

3

4

宮口幸治：やさしいコグトレ―認知機能強化トレーニング．三輪書店、2018 より

年 月 日 名前（ ）

★ のようなスタンプをつくりました。
押したときどの絵になるか１〜４から選びましょう。

★

答え 〔 〕

1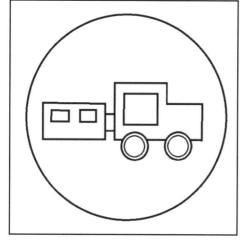

2

3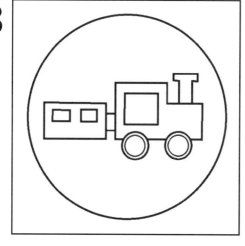

4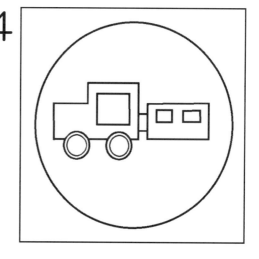

宮口幸治：やさしいコグトレ―認知機能強化トレーニング．三輪書店、2018 より

年 月 日 名前（　　　　　　　　　　　）

★ のようなスタンプをつくりました。
押したときどの絵になるか1〜4から選びましょう。

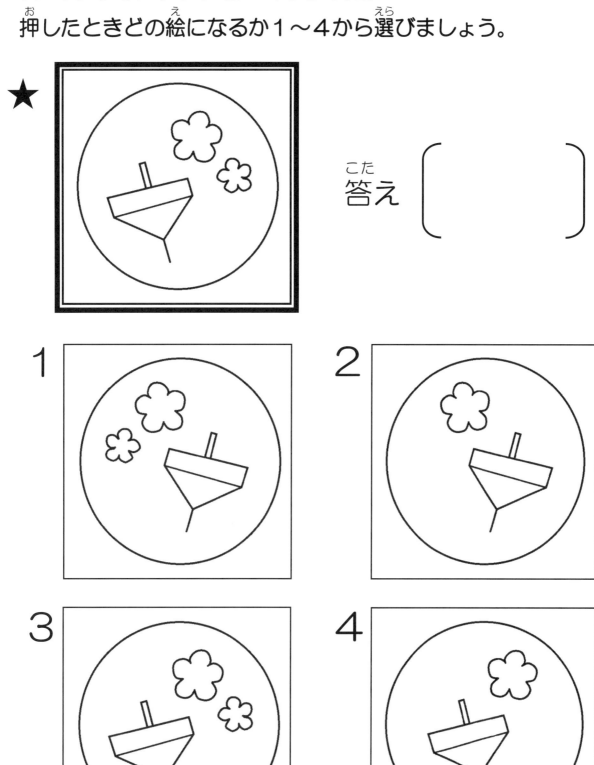

答え〔　　　〕

年　月　日　名前（　　　　　　　　　　　　　　）

★ のようなスタンプをつくりました。
押したときどの絵になるか１〜４から選びましょう。

答え 〔　　　〕

 1

 2

 3

 4

宮口幸治：やさしいコグトレ―認知機能強化トレーニング．三輪書店、2018 より

年 月 日 名前( )

★ のようなスタンプをつくりました。
押したときどの絵になるか1～4から選びましょう。

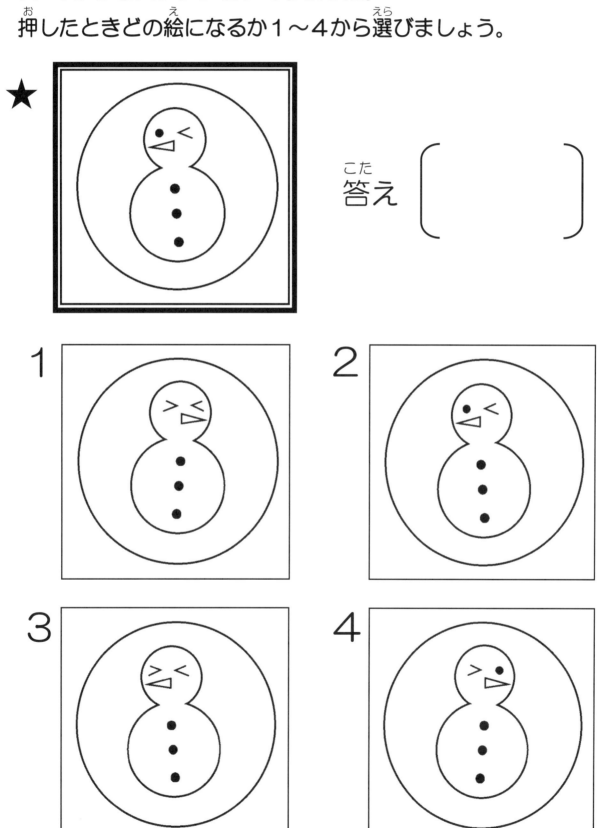

答え [　　　]

年 月 日 名前 (　　　　　　　　　　　　　　)

★ のようなスタンプをつくりました。
押したときどの絵になるか1〜4から選びましょう。

★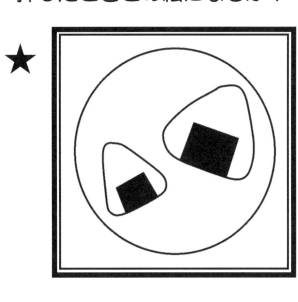

答え [　　　]

1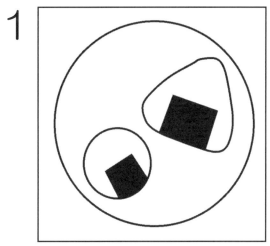

2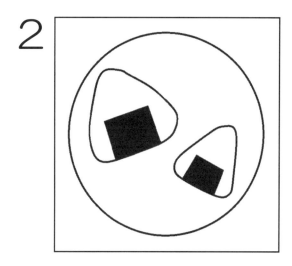

3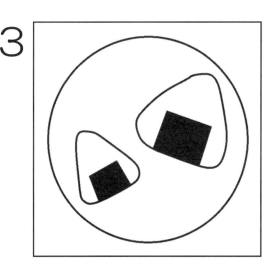

4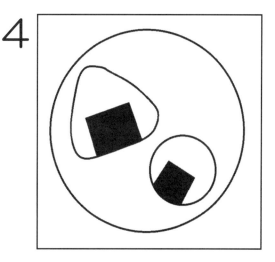

宮口幸治：やさしいコグトレ―認知機能強化トレーニング. 三輪書店、2018 より

スタンプ －26

年 月 日 名前（　　　　　　　　　　　　　　　）

★ のようなスタンプをつくりました。
押したときどの絵になるか1〜4から選びましょう。

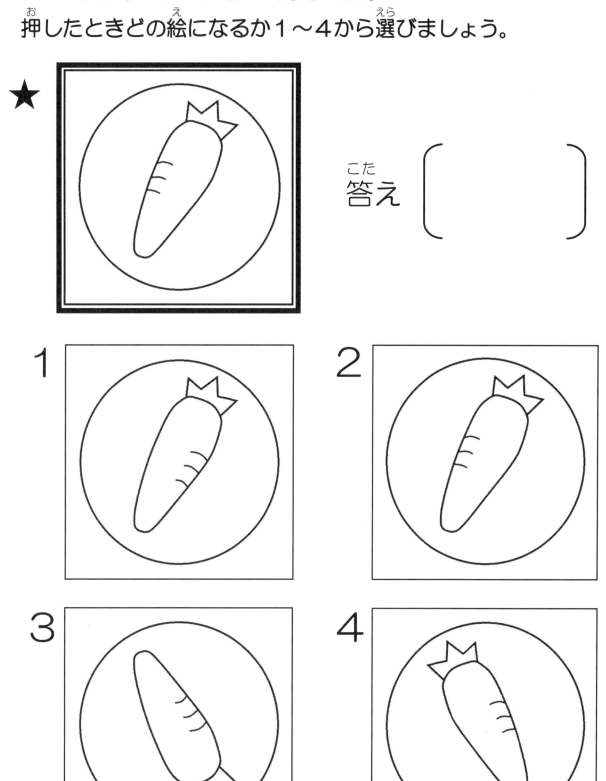

答え 〔　　　　　〕

宮口幸治：やさしいコグトレ―認知機能強化トレーニング．三輪書店、2018 より

年　月　日　名前（　　　　　　　　　　　　　）

★ のようなスタンプをつくりました。
押したときどの絵になるか1〜4から選びましょう。

★

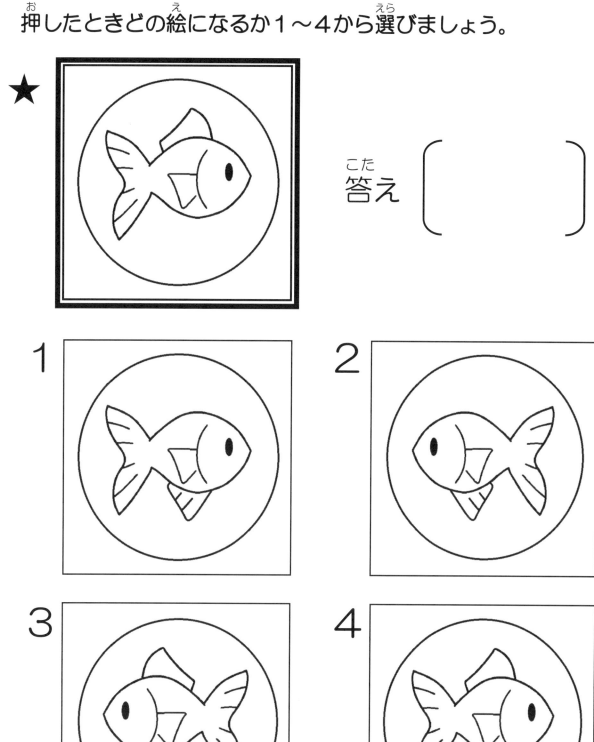

答え〔　　　〕

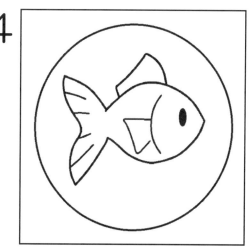

宮口幸治：やさしいコグトレ―認知機能強化トレーニング．三輪書店、2018 より

年　月　日　名前（　　　　　　　　　　　　　　　）

★ のようなスタンプをつくりました。
押したときどの絵になるか1〜4から選びましょう。

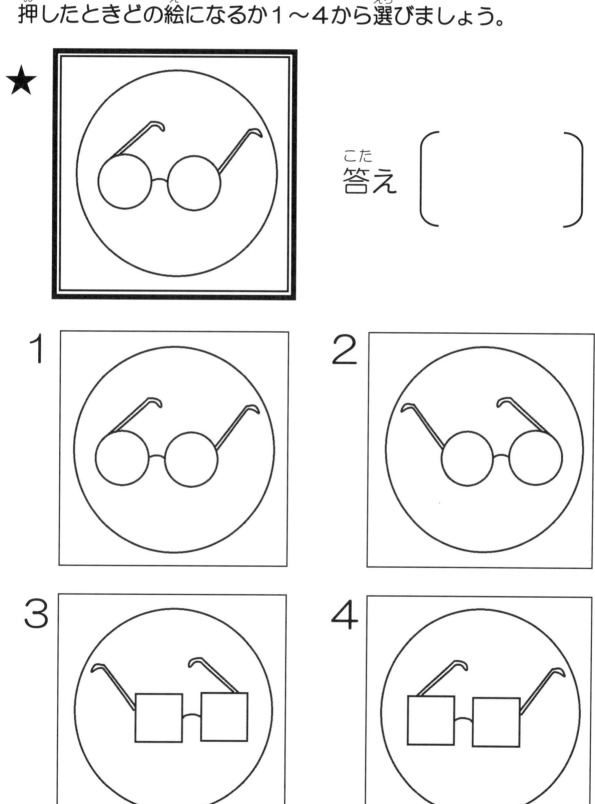

答え〔　　　　〕

スタンプ －29

年　月　日　名前（　　　　　　　　　　　　　　）

★ のようなスタンプをつくりました。
押したときどの絵になるか１〜４から選びましょう。

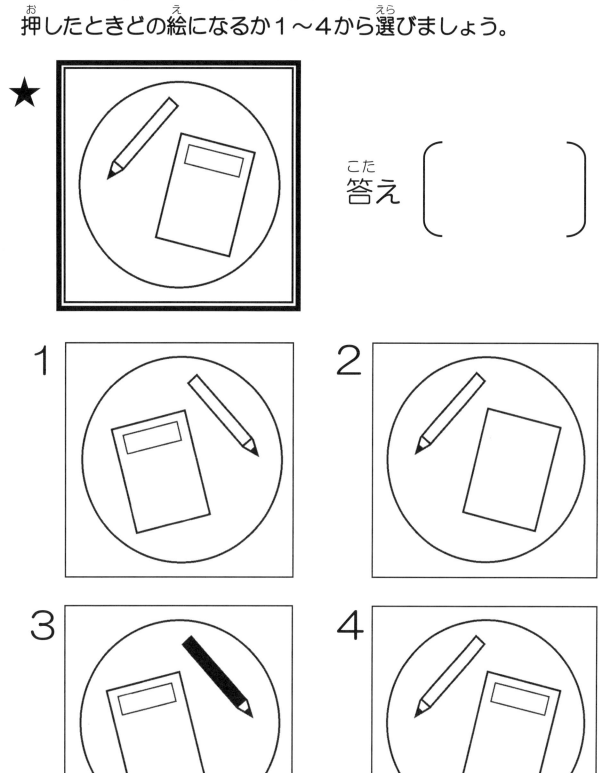

★

答え [　　　]

1

2

3

4

宮口幸治：やさしいコグトレ―認知機能強化トレーニング．三輪書店、2018 より

年　　月　　日　名前（　　　　　　　　　　　　　　）

★ のようなスタンプをつくりました。
押したときどの絵になるか1～4から選びましょう。

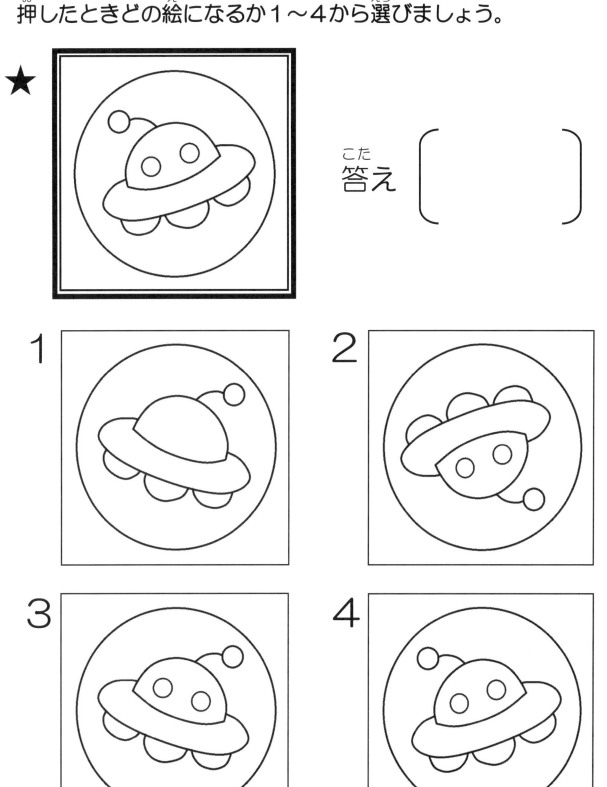

答え ［　　　　　］

年　月　日　名前（　　　　　　　　　　　）

★ のようなスタンプをつくりました。
押したときどの絵になるか１〜４から選びましょう。

答え [　　]

1

2

3

4

宮口幸治：コグトレドリル やさしいコグトレ―想像する．三輪書店、2021

スタンプ　おまけ２

年　月　日　名前（　　　　　　　　　）

★ のようなスタンプをつくりました。
押したときどの絵になるか１〜４から選びましょう。

答え 〔　　〕

1 　**2**

3 　**4**

宮口幸治：コグトレドリル やさしいコグトレ―想像する．三輪書店、2021

<u>年　　　月　　　日　名前</u>（　　　　　　　　　　　　　　　）

★ のようなスタンプをつくりました。
押したときどの絵になるか１〜４から選びましょう。

★

答え [　　　　]

1 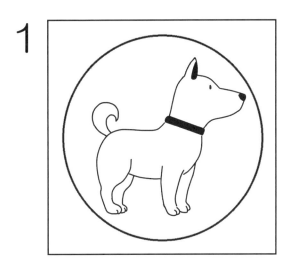　　2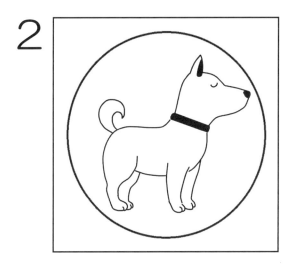

3 　　4

宮口幸治：コグトレドリル　やさしいコグトレ―想像する．三輪書店、2021

年　月　日　名前（　　　　　　　　　　　　）

★ のようなスタンプをつくりました。
押したときどの絵になるか１〜４から選びましょう。

答え 〔　　　　〕

1

2

3

4

宮口幸治：コグトレドリル やさしいコグトレ―想像する．三輪書店、2021

年　月　日　名前（　　　　　　　　　　　　　　　）

★ のようなスタンプをつくりました。
押したときどの絵になるか1〜4から選びましょう。

答え [　　　]

1

2

3

4

宮口幸治：コグトレドリル やさしいコグトレ―想像する. 三輪書店、2021

こたえ

スタンプ

1：1
2：4
3：2
4：3
5：2
6：1
7：4
8：3
9：3
10：2
11：1

12：4
13：4
14：3
15：2
16：1
17：1
18：2
19：4
20：3
21：3
22：1
23：2

24：4
25：2
26：4
27：3
28：2
29：1
30：3
おまけ1：1
おまけ2：4
おまけ3：3
おまけ4：2
おまけ5：1